LOS ANGELES

Mensajeros de Dios y Ayudadores Nuestros

Por el
PADRE LORENZO G. LOVASIK, S.V.D.
Misionero de la Palabra Divina

CATHOLIC BOOK PUBLISHING CORP.
NUEVA JERSEY

Nihil Obstat: James T. O'Connor, S.T.D., *Censor Librorum*
Imprimatur: ✠ Joseph T. O'Keefe, D.D., *Vicario General, Archidiócesis de N.Y.*
© 1983 por *Catholic Book Publishing Corp., N.Y.* — Impreso en Hong Kong

Dios Creó a los Angeles

DIOS creó todas las cosas de la nada con Su poder omnipotente. El creó a los ángeles. Los ángeles son espíritus—no tienen cuerpos. Tienen una mente y una voluntad, ya que ellos pueden conocer y amar a Dios. Dios les otorgó una gran sabiduría, poder y santidad. Los ángeles son los mensajeros y servidores de Dios.

Los Angeles Buenos Derrotan a los Malos

ANTES de permitir que los ángeles se unieran a El en el cielo, Dios quería saber si los ángeles Lo obedecerían. Lucifer, cuyo nombre quiere decir "el portador de la luz", estaba orgulloso de su poder. Era tan orgulloso que se volvió en contra de Dios, diciendo: "¡No serviré a Dios!"

Pero Miguel—cuyo nombre quiere decir "¿Quién como Dios?"—se levantó en lucha por Dios. Los ángeles buenos se unieron a Miguel y entre todos ellos arrojaron a Lucifer al infierno y a todos los otros ángeles malos que lo seguían. Los ángeles malos se llaman demonios, o diablos.

Un Angel Echa del Paraiso a Adán y a Eva

DIOS también creó a Adán y a Eva. El les concedió la gracia que los convirtió en Sus hijos preferidos. Pero ellos desobedecieron a Dios y perdieron Su gracia y el derecho de alcanzar el cielo.

Entonces Dios envió a Sus ángeles para que los expulsaran del paraiso. El ángel llevaba en su mano una espada de fuego, lo cual es una señal de que Dios es justo y castiga el pecado.

Pero Dios les prometió que les enviaría un Redentor, que salvaría al hombre de sus pecados.

Abrahán Da la Bienvenida a Dios y a Dos Angeles

LA gente empezó a olvidar a Dios, pero Abrahán no Lo olvidaba. Dios le prometió que lo haría padre de un gran pueblo del cual habría de salir el Salvador del mundo.

Un día de mucho calor tres estranjeros llegaron hasta la tienda de Abrahán. El les dio alimentos. Abrahán no tenía hijos y uno de los forasteros le anunció que, dentro de un año, su esposa Sara le daría un hijo. Abrahán supo entonces que Dios Mismo había venido a visitarlo con dos de Sus ángeles.

Un Angel Detiena a Abrahán y Le Impide Matar a Su Hijo Isaac

DIOS dijo a Abrahán: "Ofréceme tu propio hijo Isaac como holocausto." Abrahán se dispuso a obedecer a Dios. Hizo un altar y puso leña en él, después amarró a Isaac sobre la leña.

En el mismo momento que Abrahán levantaba el cuchillo para matar a Isaac, un ángel le tocó la mano, diciendo: "No extiendas tu brazo sobre el niño. Porque ahora Dios ha visto que en verdad amas a Dios."

Entonces el ángel dijo a Abrahán que Dios lo bendeciría y que de su familia algún día nacería el Salvador del mundo.

El Angel de la Muerte Castiga a los Egipcios

DIOS envió un ángel a castigar la tierra de Egipto, ya que el rey de ese pueblo no quería liberar a los hijos de Israel. A la medianoche el Angel de la Muerte pasó por todos los lugares, haciendo perecer a los primogénitos de los egipcios, al igual que a los primogénitos de todos los animales.

El Angel de la Muerte, sin embargo, no hizo daño a ninguna familia israelita cuando vio el dintel de las puertas señaladas con la sangre de las ovejas sacrificadas, tal como Dios lo había ordenado. Esta fue la primera Pascua.

Un Angel Toca los Labios de Isaías

ISAIAS fue uno de los profetas más grandes que Dios enviara al pueblo de Israel. El vio un trono en el cual estaba sentado el Señor. Había ángeles alrededor del trono que cantaban: "¡Santo, Santo, Santo, Señor Dios de los ejércitos! ¡Llena está la tierra de Tu gloria!"

Tembló el templo e Isaías tuvo temor; pero uno de los ángeles tomó un carbón encendido del altar y con él tocó los labios de Isaías, diciéndole: "Tu culpa ha sido quitada y borrado tu pecado."

Rafael Sirve de Guía al Joven Tobías

TOBIAS envió a su hijo, Tobías, a un país lejano a cobrar una deuda de dinero. Dios envió al Angel Rafael para que le mostrara el camino. Durante el viaje un gran pez saltó desde el agua para atacar a Tobías. El ángel dijo a Tobías que sacara el corazón, la bilis y el hígado del pescado para hacer con ellos una medicina.

Cuando Tobías regresó a su casa, el ángel le dijo que pusiese la medicina en los ojos de su padre, que era ciego. Inmediatamente Tobías recobró la vista. Entonces el ángel dijo: "Yo soy Rafael, uno de los siete santos ángeles que están junto al Señor."

Rafael es el patron de los enfermos, de los viajeros y de los jóvenes.

Un Angel Se Aparece a Zacarías

EL pueblo judío tenía puestas sus esperanzas en el Redentor, que habría de venir. Dios envió un ángel llamado Gabriel al sacerdote Zacarías, el cual se encontraba quemando incienso en el templo; el ángel dijo: "No temas, Zacarías, porque tu plegaria ha sido escuchada: Isabel, tu mujer, dará a luz un hijo, al que pondrás por nombre Juan."

"Será llenó del Espíritu Santo y habrá de preparar al Señor un pueblo bien dispuesto."

Dijo Zacarías al ángel: "¿De qué modo sabré yo esto? Porque yo soy ya viejo y mi mujer muy avanzada en edad."

Respondió el ángel: "Yo soy Gabriel, que asisto ante Dios y he sido enviado para hablarte y comunicarte esta buena nueva. Y no podrás hablar, por cuanto no has creído en mis palabras."

Tal como lo había dicho el ángel, Isabel dio a luz a un niño. Zacarías entonces escribió las siguientes palabras: "Su nombre es Juan," e inmediatamente recobró el habla y empezó a alabar a Dios. Este niño fue San Juan el Bautista, el cual señaló a Jesús diciendo: "He aquí el Cordero de Dios que quita el pecado del mundo."

El Angel Gabriel Habla a la Virgen María

EL Angel Gabriel fue enviado por Dios a una jovencita llamada María; cuando el Angel llegó hasta María le dijo: "¡Salve, llena de gracia, el Señor es contigo. Bendita tú entre todas las mujeres!"

María se sorprendió mucho al oír esas palabras; pero el ángel continuó: "No temas, María, porque has hallado gracia delante de Dios. Concebirás en tu seno y darás a luz un hijo, a quien pondrás por nombre Jesús. El será grande y llamado Hijo del Altísimo."

María preguntó al ángel: "¿Cómo podrá ser esto?"

Y el ángel le respondió: "El Espíritu Santo vendrá sobre ti, y por esto el Hijo engendrado será santo y será llamado Hijo de Dios."

María dijo entonces: "He aquí a la esclava del Señor; hágase en mí según tu palabra." Entonces el ángel se fue. En ese momento el Hijo de Dios se hizo hombre y la Virgen María se convirtió en la Madre de Dios.

La Segunda Persona de la Santísima Trinidad tomó en Sí mismo un cuerpo y alma como la nuestra. Se hizo hombre y vivió entre nosotros. A esto se le llama la Encarnación. Jesús es al mismo tiempo Dios y Hombre.

A la aparición del Angel a María se le llama la Anunciación, porque el Angel vino a anunciar el nacimiento de Jesús

Los Angeles Adoran al Hijo de Dios

POCO después del nacimiento de Juan el Bautista, José tuvo un sueño; en él se apareció un ángel que dijo a José: "José, hijo de David, no temas recibir en tu casa a María, tu esposa, pues lo concebido en ella es obra del Espíritu Santo. Dará a luz un Hijo, a quien pondrás por nombre Jesús, porque salvará a Su pueblo de sus pecados."

María y José tuvieron que viajar a Belén en cumplimiento de una orden del Emperador, que mandaba que todo el mundo fuese al lugar de origen de sus familias, para hacer un censo. Belén era el lugar de origen de la familia de David. Cuando llegaron a Belén no quedaba un solo lugar donde pasar la noche y tuvieron que pasar la noche en un establo. Allí fue que Jesús, el Salvador del mundo, nació.

María envolvió a su niñito en suaves pañales y Lo colocó en un pesebre. Mientras que ella y José adoraban al Divino Niño, cientos de ángeles vinieron también a adorarlo, ya que ese Niño era el Hijo de Dios, hecho hombre por amor a Su pueblo. Los ángeles alababan a Dios por Su misericordia para un mundo lleno de pecado.

En esta forma Dios se hizo hombre. El vino a la tierra y nació de la Virgen María por amor a nosotros. Los ángeles alaban a Dios por Su misericordia para con nosotros.

Un Angel Se Aparece a los Pastores

ESA misma noche unos pastores se encontraban apacentando sus ovejas en un campo cerca de Belén. De repente una gran luz brilló en el cielo y vieron un ángel del Señor de pie delante de ellos. Ellos se llenaron de temor al ver cuán glorioso era el ángel.

"No temáis," dijo el ángel, "os traigo una buena nueva, una gran alegría, que es para todo el pueblo. Pues os ha nacido hoy un Salvador, Que es el Mesías Señor, en la ciudad de David. Encontraréis un Niño envuelto en pañales y reclinado en un pesebre."

Al instante se apareció en el cielo un ejército de ángeles, cantando: "Gloria a Dios en las alturas y paz en la tierra a los hombres de buena voluntad."

Los pastores se dijeron unos a otros: "Vamos a Belén a ver esto que el Señor nos ha anunciado." Fueron rápidamente y encontraron a María y a José y al Niño acostado en el pesebre, y cayendo de rodillas Lo adoraron.

Un Angel Se Le Aparece a José

DIOS envió un ángel a José, quien le habló en un sueño, diciéndole: "Levántate, toma al Niño y a Su madre y huye a Egipto, y estate allí hasta que yo te avise, porque Herodes va a buscar al Niño para matarlo." En seguida José se levantó en medio de la noche y, tomando a su esposa y al Niño, huyeron a Egipto.

Algún tiempo más tarde el ángel habló de nuevo a José en sueños, con estas palabras: "Levántate, toma al Niño y a Su madre y vete a la tierra de Israel, porque han muerto los que atentaban contra la vida del Niño."

Entonces José tomó a su esposa y al Niño Jesús y emprendieron el viaje de regreso a Nazaret.

Los Angeles Sirven Jesús en el Desierto

CUANDO Jesús contaba treinta años de edad, dejó Su pueblo de Nazaret para comenzar a predicar. Pero primero se retiró al desierto. Allí el diablo Lo condujo con el pensamiento hasta Jerusalén y en lo alto de una torre, Le dijo: "Si eres hijo de Dios, salta de aquí para abajo."

Pero Jesús lo rechazó, diciendo: "¡Apártate de Mí, Satanás!"

Entonces vinieron los Angeles de Dios para servir a Jesús en el desierto, trayéndole alimentos.

Un Angel Da al Agua el Poder de Curar

EN Jerusalén había una piscina junto a la cual siempre había una multitud de enfermos, ciegos y paralíticos. En ciertos momentos un ángel bajaba y movía el agua y le daba el poder de curar. La primera persona que entrase al agua después de haber sido movida por el ángel era curada.

Había allí un hombre que había estado paralítico por cuarenta años, que viendo a Jesús Le dijo: "Señor, no tengo a nadie que al moverse el agua me meta en la piscina."

Entonces Jesús tuvo piedad de él, y le dijo: "¡Levántate, toma tu camilla y anda!"

El hombre se levantó y salió caminando.

Jesús Enseña acerca de los Angeles

CUANDO Jesús estaba enseñando a las gentes, éstas Le traían niños para que El los bendijera. El decía: "Dejad que los niños vengan a Mí, porque de tales es el reino de Dios. Ved que no hagáis daño a ninguno de estos pequeñuelos; porque sus ángeles en el cielo siempre ven el rostro de Mi Padre."

Entonces Jesús los abrazaba, bendiciéndolos.

Un Angel Viene a Consolar a Jesús

JESUS fue hasta el Jardín de los Olivos y, postrándose en el suelo, oraba: "Padre, si quieres, aparta de Mí este cáliz: pero no se haga Mi voluntad, sino la Tuya." Y unas gotas de sudor como si fueran de sangre, causadas por Su sufrimiento, rodaban por Su rostro. Tres veces rezó en esa forma. Entonces se Le apareció un ángel del cielo que Lo confortaba y daba fuerzas.

Un Angel Anuncia la Resurrección de Jesús

EN la mañana del Domingo de Pascua, Jesús se levantó de entre los muertos por Su propio poder divino, tal como El lo había prometido. De esta forma demostró que El era Hijo de Dios.

Esa mañana algunas mujeres fueron muy temprano hasta la tumba de Jesús. Con ellas llevaban aromas para embalsamar Su cuerpo; mas, al llegar al sepulcro, no encontraron el cuerpo de Jesús. Sólo vieron sentados a la entrada del sepulcro a unos hombres muy jóvenes vestidos de blanco.

Uno de los ángeles les dijo: "No temáis. Buscáis a Jesús de Nazaret, Que fue crucificado. Pero El no está aquí: ha resucitado. Id y decid a Sus discípulos que les verá en Galilea."

Un Angel Habla a los Discípulos

CUARENTA días después de la Pascua, quinientos seguidores de Jesús se reunieron en una montaña. Allí Jesús Se les apareció y después de darles Sus últimas encomiendas, los bendijo, y comenzó a elevarse hacia el cielo hasta que una nube Lo cubrió.

Mientras todos los que estaban allí miraban hacia el cielo, dos hombres aparecieron delante de ellos, como ángeles, que dijeron: "Varones de Galilea, ¿qué estáis mirando al cielo? Ese Jesús, Que ha sido arrebatado de entre vosotros al cielo, vendrá como Le habéis visto ir al cielo."

Un Angel Libra a Pedro de Su Prisión

EL rey Herodes arrestó a Pedro y lo encerró en una prisión. Un ángel del Señor se presentó en su calabozo, que quedó totalmente iluminado. El ángel despertó a Pedro, diciéndole: "Levántate pronto."

El ángel ordenó a Pedro que se pusiese las sandalias, tomase un manto y lo siguiese. Pasaron delante de los guardias y llegaron a las puertas de la prisión, las cuales atravesaron, aunque estaban echados los cerrojos.

Pedro estaba muy asombrado de todo lo que sucedía y dijo: "Ahora me doy cuenta de que realmente el Señor ha enviado a Su ángel y me ha arrancado de las manos de Herodes." Cuando Pedro se hubo reunido con sus amigos, éstos comentaban: "Es su ángel."

Los Angeles Vendrán con Jesús el Día del Juicio Final

JESUS volverá para el Ultimo Juicio. El dijo una vez: "Cuando el Hijo del Hombre venga en Su gloria y todos los ángeles con El, se sentará sobre Su trono de gloria y se reunirán en Su presencia todas las gentes. Dirá el Rey a los que están a Su derecha, 'Venid, benditos de Mi Padre.' Y dirá a los de la izquierda: 'Apartáos de Mí, malditos, al fuego eterno, preparado para el diablo y para sus ángeles.

Los Angeles alrededor del Trono del Cordero de Dios

EN su visión del cielo, San Juan el Apóstol, vio muchos ángeles y hombres vestidos de blanco, con ramas de palmas en las manos, que elevaban sus voces, diciendo: "¡Digno es el Cordero que fue sacrificado de todo poder y riquezas, sabiduría y fortaleza, honor, gloria y alabanza!"

Y los ángeles cayeron sobre sus rostros delante del trono, diciendo: "¡Al Que está sentado en el trono, y al Cordero, demos toda alabanza y honor, gloria y poder, por los siglos de los siglos!"

Los Angeles Buenos Nos Aman y Nos Ayudan

LOS ángeles buenos nos aman porque ellos aman a Dios, El cual desea que Sus ángeles nos amen y nos ayuden. Ellos protegen nuestros cuerpos y almas, y nos alejan del pecado y de todos los peligros; ruegan por nosotros y nos ayudan a hacer buenas obras.

Los ángeles buenos nos ayudan a luchar contra la tentación, que nos traen los ángeles malos o demonios. Los demonios tratan de conducirnos hacia el pecado para que perdamos nuestras almas.

San Miguel es el jefe de los ejércitos celestiales de ángeles. El es el gran defensor de la Iglesia en contra de todos sus enemigos.

La Iglesia reza:

"San Miguel Arcángel,
defiéndenos en la batalla.
Protégenos de las maldades del diablo.
Oh, príncipe de los ángeles,
por el poder de Dios,
envía al infierno a Sátanas
y todos sus malos espíritus
que desean la perdición de nuestras almas."

Tú Tienes un Angel de la Guarda

DIOS te ha dado un ángel que es tu amigo fiel y que siempre te ayuda aquí en la tierra. Este ángel es el mensajero de Dios para decirte lo que Dios desea que tú hagas. El mantendrá tu alma limpia de pecado y protegerá tu cuerpo de todo peligro. Se le llama el Angel de la Guarda porque él es el guardián tuyo para alejarte del mal.

Tu Angel de la Guarda te ama porque Dios te ama. El te ama porque tu alma es tan preciosa para Dios que El hizo que Jesús derramase Su sangre en la cruz para salvarla.

Pídele a tu Angel de la Guarda que te ayude a salvar tu alma para que algún día puedas alcanzar el cielo y ver a Dios eternamente. Rézale con estas palabras:

"Angel de Dios, querido guardián,
Por quien el amor de Dios me protege aquí;
Hoy y siempre quiero que estés a mi lado,
Con tu guía y con tu ayuda. Amén."

Ama a Tu Angel de la Guarda Como Tu Mejor Amigo

HONRA y ama tu Angel de la Guarda como el mejor amigo que Dios te ha dado.

Dale las gracias por todas las cosas que hace por ti y obedécelo cuando él te dice lo que es bueno y te diga como alejarte del pecado.

Rézale a tu Angel de la Guarda cada mañana y cada noche y cuando necesites de su ayuda.